Libro de registro de asistencia para maestros / maestras

Detalles del libro de registro:

Fecha de inicio del registro: ....

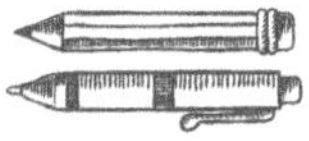

Número de libro de registro: ....

Detalles personales:

Nombre: ....

DIRECCIÓN: ....

....

Correo electrónico: ....

Número de móvil: ....

Dirección de trabajo: ....

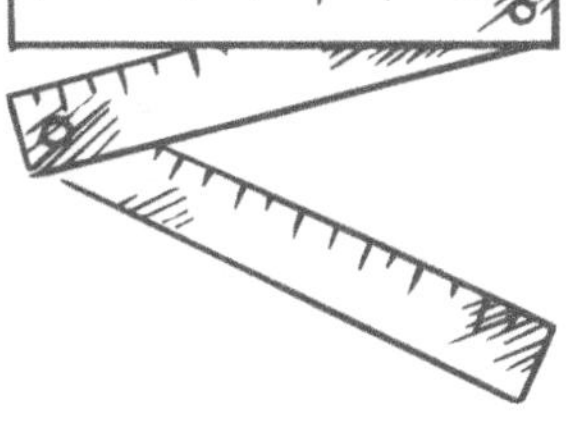

Período de inicio: .... Período de finalización: ....

Mes y año:	Asignaciones:	Semana					Semana				
Sujeto:											
Sección:											
	Día	L	M	M	J	V	L	M	M	J	V
Nombres de los estudiantes:	notas Fecha										
1.											
2.											
3.											
4.											
5.											
6.											
7.											
8.											
9.											
10.											
11.											
12.											
13.											
14.											
15.											
16.											
17.											
18.											
19.											
20.											
21.											
22.											
23.											
24.											
25.											
26.											
27.											
28.											
29.											
30.											
31.											
32.											
33.											
34.											
35.											
36.											
37.											

notas:

Período de inicio: .... Período de finalización: ....

Mes y año:													
Sujeto:		Asignaciones:	Semana					Semana					
Sección:													
		Día	L	M	M	J	V	L	M	M	J	V	
Nombres de los estudiantes:	notas	Fecha											
1.													
2.													
3.													
4.													
5.													
6.													
7.													
8.													
9.													
10.													
11.													
12.													
13.													
14.													
15.													
16.													
17.													
18.													
19.													
20.													
21.													
22.													
23.													
24.													
25.													
26.													
27.													
28.													
29.													
30.													
31.													
32.													
33.													
34.													
35.													
36.													
37.													

notas:

Período de inicio: .... Período de finalización: ....

Mes y año:		Asignaciones:	Semana					Semana				
Sujeto:												
Sección:												
		Día	L	M	M	J	V	L	M	M	J	V
Nombres de los estudiantes:	notas	Fecha										
1.												
2.												
3.												
4.												
5.												
6.												
7.												
8.												
9.												
10.												
11.												
12.												
13.												
14.												
15.												
16.												
17.												
18.												
19.												
20.												
21.												
22.												
23.												
24.												
25.												
26.												
27.												
28.												
29.												
30.												
31.												
32.												
33.												
34.												
35.												
36.												
37.												

notas:

Período de inicio: .... Período de finalización: ....

Mes y año:

Sujeto:

Sección:

Asignaciones:

		Semana					Semana				
	Día	L	M	M	J	V	L	M	M	J	V
Nombres de los estudiantes:	notas / Fecha										
1.											
2.											
3.											
4.											
5.											
6.											
7.											
8.											
9.											
10.											
11.											
12.											
13.											
14.											
15.											
16.											
17.											
18.											
19.											
20.											
21.											
22.											
23.											
24.											
25.											
26.											
27.											
28.											
29.											
30.											
31.											
32.											
33.											
34.											
35.											
36.											
37.											

notas:

Período de inicio: .... Período de finalización: ....

Mes y año:

Sujeto:

Sección:

Asignaciones:

		Semana					Semana				
	Día	L	M	M	J	V	L	M	M	J	V
Nombres de los estudiantes:	notas Fecha										
1.											
2.											
3.											
4.											
5.											
6.											
7.											
8.											
9.											
10.											
11.											
12.											
13.											
14.											
15.											
16.											
17.											
18.											
19.											
20.											
21.											
22.											
23.											
24.											
25.											
26.											
27.											
28.											
29.											
30.											
31.											
32.											
33.											
34.											
35.											
36.											
37.											

notas:

Período de inicio: .... Período de finalización: ....

Mes y año:

Sujeto:

Sección:

Asignaciones:

		Semana					Semana				
	Día	L	M	M	J	V	L	M	M	J	V
Nombres de los estudiantes:	notas / Fecha										
1.											
2.											
3.											
4.											
5.											
6.											
7.											
8.											
9.											
10.											
11.											
12.											
13.											
14.											
15.											
16.											
17.											
18.											
19.											
20.											
21.											
22.											
23.											
24.											
25.											
26.											
27.											
28.											
29.											
30.											
31.											
32.											
33.											
34.											
35.											
36.											
37.											

notas:

Período de inicio: .... Período de finalización: ....

Mes y año:

Sujeto:

Sección:

Asignaciones:

		Semana					Semana				
	Día	L	M	M	J	V	L	M	M	J	V
Nombres de los estudiantes:	notas Fecha										
1.											
2.											
3.											
4.											
5.											
6.											
7.											
8.											
9.											
10.											
11.											
12.											
13.											
14.											
15.											
16.											
17.											
18.											
19.											
20.											
21.											
22.											
23.											
24.											
25.											
26.											
27.											
28.											
29.											
30.											
31.											
32.											
33.											
34.											
35.											
36.											
37.											

notas:

Período de inicio: .... Período de finalización: ....

Mes y año:		Asignaciones:	Semana					Semana				
Sujeto:												
Sección:												
		Día	L	M	M	J	V	L	M	M	J	V
Nombres de los estudiantes:	notas	Fecha										
1.												
2.												
3.												
4.												
5.												
6.												
7.												
8.												
9.												
10.												
11.												
12.												
13.												
14.												
15.												
16.												
17.												
18.												
19.												
20.												
21.												
22.												
23.												
24.												
25.												
26.												
27.												
28.												
29.												
30.												
31.												
32.												
33.												
34.												
35.												
36.												
37.												

notas:

Período de inicio: .... Período de finalización: ....

Mes y año:

Sujeto:

Sección:

Asignaciones:

		Semana					Semana				
	Día	L	M	M	J	V	L	M	M	J	V
Nombres de los estudiantes:	notas Fecha										
1.											
2.											
3.											
4.											
5.											
6.											
7.											
8.											
9.											
10.											
11.											
12.											
13.											
14.											
15.											
16.											
17.											
18.											
19.											
20.											
21.											
22.											
23.											
24.											
25.											
26.											
27.											
28.											
29.											
30.											
31.											
32.											
33.											
34.											
35.											
36.											
37.											

notas:

Período de inicio: .... Período de finalización: ....

Mes y año:

Sujeto:

Sección:

Asignaciones:

		Semana					Semana				
	Día	L	M	M	J	V	L	M	M	J	V
Nombres de los estudiantes:	notas / Fecha										
1.											
2.											
3.											
4.											
5.											
6.											
7.											
8.											
9.											
10.											
11.											
12.											
13.											
14.											
15.											
16.											
17.											
18.											
19.											
20.											
21.											
22.											
23.											
24.											
25.											
26.											
27.											
28.											
29.											
30.											
31.											
32.											
33.											
34.											
35.											
36.											
37.											

notas:

Período de inicio: .... Período de finalización: ....

Mes y año:

Sujeto:

Sección:

Asignaciones:

		Semana					Semana				
	Día	L	M	M	J	V	L	M	M	J	V
Nombres de los estudiantes:	notas / Fecha										
1.											
2.											
3.											
4.											
5.											
6.											
7.											
8.											
9.											
10.											
11.											
12.											
13.											
14.											
15.											
16.											
17.											
18.											
19.											
20.											
21.											
22.											
23.											
24.											
25.											
26.											
27.											
28.											
29.											
30.											
31.											
32.											
33.											
34.											
35.											
36.											
37.											

notas:

Período de inicio: .... Período de finalización: ....

Mes y año:

Sujeto:

Sección:

Asignaciones:

		Semana					Semana				
	Día	L	M	M	J	V	L	M	M	J	V
Nombres de los estudiantes:	notas / Fecha										
1.											
2.											
3.											
4.											
5.											
6.											
7.											
8.											
9.											
10.											
11.											
12.											
13.											
14.											
15.											
16.											
17.											
18.											
19.											
20.											
21.											
22.											
23.											
24.											
25.											
26.											
27.											
28.											
29.											
30.											
31.											
32.											
33.											
34.											
35.											
36.											
37.											

notas:

Período de inicio:.. Período de finalización:..

Mes y año:

Sujeto:

Sección:

Asignaciones:

		Semana					Semana				
	Día	L	M	M	J	V	L	M	M	J	V
Nombres de los estudiantes:	notas / Fecha										
1.											
2.											
3.											
4.											
5.											
6.											
7.											
8.											
9.											
10.											
11.											
12.											
13.											
14.											
15.											
16.											
17.											
18.											
19.											
20.											
21.											
22.											
23.											
24.											
25.											
26.											
27.											
28.											
29.											
30.											
31.											
32.											
33.											
34.											
35.											
36.											
37.											

notas:

Período de inicio: .... Período de finalización: ....

Mes y año:

Sujeto:

Sección:

Asignaciones:

		Semana					Semana				
	Día	L	M	M	J	V	L	M	M	J	V
Nombres de los estudiantes:	notas Fecha										
1.											
2.											
3.											
4.											
5.											
6.											
7.											
8.											
9.											
10.											
11.											
12.											
13.											
14.											
15.											
16.											
17.											
18.											
19.											
20.											
21.											
22.											
23.											
24.											
25.											
26.											
27.											
28.											
29.											
30.											
31.											
32.											
33.											
34.											
35.											
36.											
37.											

notas:

Período de inicio: .... Período de finalización: ....

Mes y año:

Sujeto:

Sección:

		Asignaciones:	Semana					Semana				
		Día	L	M	M	J	V	L	M	M	J	V
Nombres de los estudiantes:	notas	Fecha										
1.												
2.												
3.												
4.												
5.												
6.												
7.												
8.												
9.												
10.												
11.												
12.												
13.												
14.												
15.												
16.												
17.												
18.												
19.												
20.												
21.												
22.												
23.												
24.												
25.												
26.												
27.												
28.												
29.												
30.												
31.												
32.												
33.												
34.												
35.												
36.												
37.												

notas:

Período de inicio: .... Período de finalización: ....

Mes y año:

Sujeto:

Sección:

		Asignaciones:	Semana					Semana				
		Día	L	M	M	J	V	L	M	M	J	V
Nombres de los estudiantes:	notas	Fecha										
1.												
2.												
3.												
4.												
5.												
6.												
7.												
8.												
9.												
10.												
11.												
12.												
13.												
14.												
15.												
16.												
17.												
18.												
19.												
20.												
21.												
22.												
23.												
24.												
25.												
26.												
27.												
28.												
29.												
30.												
31.												
32.												
33.												
34.												
35.												
36.												
37.												

notas:

Período de inicio: .... Período de finalización: ....

Mes y año:		Asignaciones:	Semana					Semana				
Sujeto:												
Sección:												
		Día	L	M	M	J	V	L	M	M	J	V
Nombres de los estudiantes:	notas	Fecha										
1.												
2.												
3.												
4.												
5.												
6.												
7.												
8.												
9.												
10.												
11.												
12.												
13.												
14.												
15.												
16.												
17.												
18.												
19.												
20.												
21.												
22.												
23.												
24.												
25.												
26.												
27.												
28.												
29.												
30.												
31.												
32.												
33.												
34.												
35.												
36.												
37.												

notas:

Período de inicio: .... Período de finalización: ....

Mes y año:	Asignaciones:	Semana					Semana				
Sujeto:											
Sección:											
	Día	L	M	M	J	V	L	M	M	J	V
Nombres de los estudiantes:	notas / Fecha										
1.											
2.											
3.											
4.											
5.											
6.											
7.											
8.											
9.											
10.											
11.											
12.											
13.											
14.											
15.											
16.											
17.											
18.											
19.											
20.											
21.											
22.											
23.											
24.											
25.											
26.											
27.											
28.											
29.											
30.											
31.											
32.											
33.											
34.											
35.											
36.											
37.											

notas:

Período de inicio:.. Período de finalización:..

Mes y año:

Sujeto:

Sección:

Asignaciones:

Nombres de los estudiantes:	notas	Semana					Semana				
	Día	L	M	M	J	V	L	M	M	J	V
	Fecha										
1.											
2.											
3.											
4.											
5.											
6.											
7.											
8.											
9.											
10.											
11.											
12.											
13.											
14.											
15.											
16.											
17.											
18.											
19.											
20.											
21.											
22.											
23.											
24.											
25.											
26.											
27.											
28.											
29.											
30.											
31.											
32.											
33.											
34.											
35.											
36.											
37.											

notas:

Período de inicio: .... Período de finalización: ....

Mes y año:	Asignaciones:	Semana					Semana				
Sujeto:											
Sección:											
	Día	L	M	M	J	V	L	M	M	J	V
Nombres de los estudiantes:	notas / Fecha										
1.											
2.											
3.											
4.											
5.											
6.											
7.											
8.											
9.											
10.											
11.											
12.											
13.											
14.											
15.											
16.											
17.											
18.											
19.											
20.											
21.											
22.											
23.											
24.											
25.											
26.											
27.											
28.											
29.											
30.											
31.											
32.											
33.											
34.											
35.											
36.											
37.											

notas:

Período de inicio: .... Período de finalización: ....

Mes y año:

Sujeto:

Sección:

Asignaciones:

Nombres de los estudiantes:	notas	Semana					Semana				
	Día	L	M	M	J	V	L	M	M	J	V
	Fecha										
1.											
2.											
3.											
4.											
5.											
6.											
7.											
8.											
9.											
10.											
11.											
12.											
13.											
14.											
15.											
16.											
17.											
18.											
19.											
20.											
21.											
22.											
23.											
24.											
25.											
26.											
27.											
28.											
29.											
30.											
31.											
32.											
33.											
34.											
35.											
36.											
37.											

notas:

Período de inicio: .... Período de finalización: ....

Mes y año:		Asignaciones:	Semana					Semana				
Sujeto:												
Sección:												
		Día	L	M	M	J	V	L	M	M	J	V
Nombres de los estudiantes:	notas	Fecha										
1.												
2.												
3.												
4.												
5.												
6.												
7.												
8.												
9.												
10.												
11.												
12.												
13.												
14.												
15.												
16.												
17.												
18.												
19.												
20.												
21.												
22.												
23.												
24.												
25.												
26.												
27.												
28.												
29.												
30.												
31.												
32.												
33.												
34.												
35.												
36.												
37.												

notas:

Período de inicio:.. Período de finalización:..

Mes y año:

Sujeto:

Sección:

Asignaciones:

		Semana					Semana				
	Día	L	M	M	J	V	L	M	M	J	V
	Fecha										
Nombres de los estudiantes:	notas										
1.											
2.											
3.											
4.											
5.											
6.											
7.											
8.											
9.											
10.											
11.											
12.											
13.											
14.											
15.											
16.											
17.											
18.											
19.											
20.											
21.											
22.											
23.											
24.											
25.											
26.											
27.											
28.											
29.											
30.											
31.											
32.											
33.											
34.											
35.											
36.											
37.											

notas:

Período de inicio: .... Período de finalización: ....

Mes y año:		Asignaciones:	Semana					Semana			
Sujeto:											
Sección:											
		Día	L	M	M	J	V	L	M	M	J	V
Nombres de los estudiantes:	notas	Fecha									
1.											
2.											
3.											
4.											
5.											
6.											
7.											
8.											
9.											
10.											
11.											
12.											
13.											
14.											
15.											
16.											
17.											
18.											
19.											
20.											
21.											
22.											
23.											
24.											
25.											
26.											
27.											
28.											
29.											
30.											
31.											
32.											
33.											
34.											
35.											
36.											
37.											

notas:

Período de inicio: .... Período de finalización: ....

Mes y año:

Sujeto:

Sección:

Asignaciones:

		Semana					Semana				
	Día	L	M	M	J	V	L	M	M	J	V
Nombres de los estudiantes:	notas / Fecha										
1.											
2.											
3.											
4.											
5.											
6.											
7.											
8.											
9.											
10.											
11.											
12.											
13.											
14.											
15.											
16.											
17.											
18.											
19.											
20.											
21.											
22.											
23.											
24.											
25.											
26.											
27.											
28.											
29.											
30.											
31.											
32.											
33.											
34.											
35.											
36.											
37.											

notas:

Período de inicio: .... Período de finalización: ....

Mes y año:

Sujeto:

Sección:

Asignaciones:

Nombres de los estudiantes:	notas	Semana					Semana				
	Día / Fecha	L	M	M	J	V	L	M	M	J	V
1.											
2.											
3.											
4.											
5.											
6.											
7.											
8.											
9.											
10.											
11.											
12.											
13.											
14.											
15.											
16.											
17.											
18.											
19.											
20.											
21.											
22.											
23.											
24.											
25.											
26.											
27.											
28.											
29.											
30.											
31.											
32.											
33.											
34.											
35.											
36.											
37.											

notas:

Período de inicio: .... Período de finalización: ....

Mes y año:

Sujeto:

Sección:

Asignaciones:

	Semana					Semana					
Día	L	M	M	J	V	L	M	M	J	V	
Nombres de los estudiantes:	notas	Fecha									
1.											
2.											
3.											
4.											
5.											
6.											
7.											
8.											
9.											
10.											
11.											
12.											
13.											
14.											
15.											
16.											
17.											
18.											
19.											
20.											
21.											
22.											
23.											
24.											
25.											
26.											
27.											
28.											
29.											
30.											
31.											
32.											
33.											
34.											
35.											
36.											
37.											

notas:

Período de inicio: .... Período de finalización: ....

Mes y año:		Asignaciones:	Semana					Semana				
Sujeto:												
Sección:												
		Día	L	M	M	J	V	L	M	M	J	V
Nombres de los estudiantes:	notas	Fecha										
1.												
2.												
3.												
4.												
5.												
6.												
7.												
8.												
9.												
10.												
11.												
12.												
13.												
14.												
15.												
16.												
17.												
18.												
19.												
20.												
21.												
22.												
23.												
24.												
25.												
26.												
27.												
28.												
29.												
30.												
31.												
32.												
33.												
34.												
35.												
36.												
37.												

notas:

Período de inicio: .... Período de finalización: ....

Mes y año:

Sujeto:

Sección:

Asignaciones:

		Semana					Semana				
	Día	L	M	M	J	V	L	M	M	J	V
Nombres de los estudiantes:	notas / Fecha										
1.											
2.											
3.											
4.											
5.											
6.											
7.											
8.											
9.											
10.											
11.											
12.											
13.											
14.											
15.											
16.											
17.											
18.											
19.											
20.											
21.											
22.											
23.											
24.											
25.											
26.											
27.											
28.											
29.											
30.											
31.											
32.											
33.											
34.											
35.											
36.											
37.											

notas:

Período de inicio: .... Período de finalización: ....

Mes y año:

Sujeto:

Sección:

Asignaciones:

		Semana					Semana				
	Día	L	M	M	J	V	L	M	M	J	V
Nombres de los estudiantes:	notas / Fecha										
1.											
2.											
3.											
4.											
5.											
6.											
7.											
8.											
9.											
10.											
11.											
12.											
13.											
14.											
15.											
16.											
17.											
18.											
19.											
20.											
21.											
22.											
23.											
24.											
25.											
26.											
27.											
28.											
29.											
30.											
31.											
32.											
33.											
34.											
35.											
36.											
37.											

notas:

Período de inicio: .... Período de finalización: ....

Mes y año:

Sujeto:

Sección:

Asignaciones:

		Semana					Semana				
	Día	L	M	M	J	V	L	M	M	J	V
Nombres de los estudiantes:	notas / Fecha										
1.											
2.											
3.											
4.											
5.											
6.											
7.											
8.											
9.											
10.											
11.											
12.											
13.											
14.											
15.											
16.											
17.											
18.											
19.											
20.											
21.											
22.											
23.											
24.											
25.											
26.											
27.											
28.											
29.											
30.											
31.											
32.											
33.											
34.											
35.											
36.											
37.											

notas:

Período de inicio: .... Período de finalización: ....

Mes y año:

Sujeto:

Sección:

Asignaciones:

		Semana					Semana				
	Día	L	M	M	J	V	L	M	M	J	V
Nombres de los estudiantes:	notas Fecha										
1.											
2.											
3.											
4.											
5.											
6.											
7.											
8.											
9.											
10.											
11.											
12.											
13.											
14.											
15.											
16.											
17.											
18.											
19.											
20.											
21.											
22.											
23.											
24.											
25.											
26.											
27.											
28.											
29.											
30.											
31.											
32.											
33.											
34.											
35.											
36.											
37.											

notas:

Período de inicio: .... Período de finalización: ....

Mes y año:		Asignaciones:	Semana					Semana				
Sujeto:												
Sección:												
		Día	L	M	M	J	V	L	M	M	J	V
Nombres de los estudiantes:	notas	Fecha										
1.												
2.												
3.												
4.												
5.												
6.												
7.												
8.												
9.												
10.												
11.												
12.												
13.												
14.												
15.												
16.												
17.												
18.												
19.												
20.												
21.												
22.												
23.												
24.												
25.												
26.												
27.												
28.												
29.												
30.												
31.												
32.												
33.												
34.												
35.												
36.												
37.												

notas:

Período de inicio: .... Período de finalización: ....

Mes y año:

Sujeto:

Sección:

Asignaciones:

		Semana					Semana				
	Día	L	M	M	J	V	L	M	M	J	V
Nombres de los estudiantes:	notas Fecha										
1.											
2.											
3.											
4.											
5.											
6.											
7.											
8.											
9.											
10.											
11.											
12.											
13.											
14.											
15.											
16.											
17.											
18.											
19.											
20.											
21.											
22.											
23.											
24.											
25.											
26.											
27.											
28.											
29.											
30.											
31.											
32.											
33.											
34.											
35.											
36.											
37.											

notas:

Período de inicio: .... Período de finalización: ....

Mes y año:

Sujeto:

Sección:

Asignaciones:

		Semana					Semana				
	Día	L	M	M	J	V	L	M	M	J	V
Nombres de los estudiantes:	notas Fecha										
1.											
2.											
3.											
4.											
5.											
6.											
7.											
8.											
9.											
10.											
11.											
12.											
13.											
14.											
15.											
16.											
17.											
18.											
19.											
20.											
21.											
22.											
23.											
24.											
25.											
26.											
27.											
28.											
29.											
30.											
31.											
32.											
33.											
34.											
35.											
36.											
37.											

notas:

Período de inicio: .... Período de finalización: ....

Mes y año:

Sujeto:

Sección:

Asignaciones:

Nombres de los estudiantes:	notas	Semana					Semana				
	Día	L	M	M	J	V	L	M	M	J	V
	Fecha										
1.											
2.											
3.											
4.											
5.											
6.											
7.											
8.											
9.											
10.											
11.											
12.											
13.											
14.											
15.											
16.											
17.											
18.											
19.											
20.											
21.											
22.											
23.											
24.											
25.											
26.											
27.											
28.											
29.											
30.											
31.											
32.											
33.											
34.											
35.											
36.											
37.											

notas:

Período de inicio:... Período de finalización:...

Mes y año:

Sujeto:

Sección:

Asignaciones:

		Semana					Semana				
	Día	L	M	M	J	V	L	M	M	J	V
Nombres de los estudiantes:	notas Fecha										
1.											
2.											
3.											
4.											
5.											
6.											
7.											
8.											
9.											
10.											
11.											
12.											
13.											
14.											
15.											
16.											
17.											
18.											
19.											
20.											
21.											
22.											
23.											
24.											
25.											
26.											
27.											
28.											
29.											
30.											
31.											
32.											
33.											
34.											
35.											
36.											
37.											

notas:

Período de inicio: .... Período de finalización: ....

Mes y año:

Sujeto:

Sección:

Asignaciones:

Nombres de los estudiantes:	notas	L	M	M	J	V	L	M	M	J	V
1.											
2.											
3.											
4.											
5.											
6.											
7.											
8.											
9.											
10.											
11.											
12.											
13.											
14.											
15.											
16.											
17.											
18.											
19.											
20.											
21.											
22.											
23.											
24.											
25.											
26.											
27.											
28.											
29.											
30.											
31.											
32.											
33.											
34.											
35.											
36.											
37.											

Semana / Semana — Día / Fecha

notas:

Período de inicio: .... Período de finalización: ....

Mes y año:	Asignaciones:	Semana					Semana				
Sujeto:											
Sección:											
	Día	L	M	M	J	V	L	M	M	J	V
Nombres de los estudiantes: / notas	Fecha										
1.											
2.											
3.											
4.											
5.											
6.											
7.											
8.											
9.											
10.											
11.											
12.											
13.											
14.											
15.											
16.											
17.											
18.											
19.											
20.											
21.											
22.											
23.											
24.											
25.											
26.											
27.											
28.											
29.											
30.											
31.											
32.											
33.											
34.											
35.											
36.											
37.											

notas:

Período de inicio: .... Período de finalización: ....

Mes y año:

Sujeto:

Sección:

Asignaciones:

		Semana					Semana				
	Día	L	M	M	J	V	L	M	M	J	V
Nombres de los estudiantes:	notas / Fecha										
1.											
2.											
3.											
4.											
5.											
6.											
7.											
8.											
9.											
10.											
11.											
12.											
13.											
14.											
15.											
16.											
17.											
18.											
19.											
20.											
21.											
22.											
23.											
24.											
25.											
26.											
27.											
28.											
29.											
30.											
31.											
32.											
33.											
34.											
35.											
36.											
37.											

notas:

Período de inicio: .... Período de finalización: ....

Mes y año:

Sujeto:

Sección:

Asignaciones:

		Semana					Semana				
	Día	L	M	M	J	V	L	M	M	J	V
Nombres de los estudiantes:	notas / Fecha										
1.											
2.											
3.											
4.											
5.											
6.											
7.											
8.											
9.											
10.											
11.											
12.											
13.											
14.											
15.											
16.											
17.											
18.											
19.											
20.											
21.											
22.											
23.											
24.											
25.											
26.											
27.											
28.											
29.											
30.											
31.											
32.											
33.											
34.											
35.											
36.											
37.											

notas:

Período de inicio: .... Período de finalización: ....

Mes y año:

Sujeto:

Sección:

Asignaciones:

		Semana					Semana				
	Día	L	M	M	J	V	L	M	M	J	V
Nombres de los estudiantes:	notas Fecha										
1.											
2.											
3.											
4.											
5.											
6.											
7.											
8.											
9.											
10.											
11.											
12.											
13.											
14.											
15.											
16.											
17.											
18.											
19.											
20.											
21.											
22.											
23.											
24.											
25.											
26.											
27.											
28.											
29.											
30.											
31.											
32.											
33.											
34.											
35.											
36.											
37.											

notas:

Período de inicio:... Período de finalización:..

Mes y año:

Sujeto:

Sección:

Asignaciones:

		Semana					Semana				
	Día	L	M	M	J	V	L	M	M	J	V
Nombres de los estudiantes:	notas Fecha										
1.											
2.											
3.											
4.											
5.											
6.											
7.											
8.											
9.											
10.											
11.											
12.											
13.											
14.											
15.											
16.											
17.											
18.											
19.											
20.											
21.											
22.											
23.											
24.											
25.											
26.											
27.											
28.											
29.											
30.											
31.											
32.											
33.											
34.											
35.											
36.											
37.											

notas:

Período de inicio: .... Período de finalización: ....

Mes y año:

Sujeto:

Sección:

Asignaciones:

		Semana					Semana				
	Día	L	M	M	J	V	L	M	M	J	V
Nombres de los estudiantes:	notas / Fecha										
1.											
2.											
3.											
4.											
5.											
6.											
7.											
8.											
9.											
10.											
11.											
12.											
13.											
14.											
15.											
16.											
17.											
18.											
19.											
20.											
21.											
22.											
23.											
24.											
25.											
26.											
27.											
28.											
29.											
30.											
31.											
32.											
33.											
34.											
35.											
36.											
37.											

notas:

Período de inicio: .... Período de finalización: ....

Mes y año:

Sujeto:

Sección:

Asignaciones:

Nombres de los estudiantes:	notas	Semana					Semana				
	Día	L	M	M	J	V	L	M	M	J	V
	Fecha										
1.											
2.											
3.											
4.											
5.											
6.											
7.											
8.											
9.											
10.											
11.											
12.											
13.											
14.											
15.											
16.											
17.											
18.											
19.											
20.											
21.											
22.											
23.											
24.											
25.											
26.											
27.											
28.											
29.											
30.											
31.											
32.											
33.											
34.											
35.											
36.											
37.											

notas:

Período de inicio: .... Período de finalización: ....

Mes y año:

Sujeto:

Sección:

Asignaciones:

		Semana					Semana				
	Día	L	M	M	J	V	L	M	M	J	V
Nombres de los estudiantes:	notas Fecha										
1.											
2.											
3.											
4.											
5.											
6.											
7.											
8.											
9.											
10.											
11.											
12.											
13.											
14.											
15.											
16.											
17.											
18.											
19.											
20.											
21.											
22.											
23.											
24.											
25.											
26.											
27.											
28.											
29.											
30.											
31.											
32.											
33.											
34.											
35.											
36.											
37.											

notas:

Período de inicio: .... Período de finalización: ....

Mes y año:		Asignaciones:	Semana					Semana			
Sujeto:											
Sección:											
		Día	L	M	M	J	V	L	M	M	J	V
Nombres de los estudiantes:	notas	Fecha										
1.												
2.												
3.												
4.												
5.												
6.												
7.												
8.												
9.												
10.												
11.												
12.												
13.												
14.												
15.												
16.												
17.												
18.												
19.												
20.												
21.												
22.												
23.												
24.												
25.												
26.												
27.												
28.												
29.												
30.												
31.												
32.												
33.												
34.												
35.												
36.												
37.												

notas:

Período de inicio: .... Período de finalización: ....

Mes y año:		Asignaciones:	Semana					Semana				
Sujeto:												
Sección:												
		Día	L	M	M	J	V	L	M	M	J	V
Nombres de los estudiantes:	notas	Fecha										
1.												
2.												
3.												
4.												
5.												
6.												
7.												
8.												
9.												
10.												
11.												
12.												
13.												
14.												
15.												
16.												
17.												
18.												
19.												
20.												
21.												
22.												
23.												
24.												
25.												
26.												
27.												
28.												
29.												
30.												
31.												
32.												
33.												
34.												
35.												
36.												
37.												

notas:

Período de inicio: .... Período de finalización: ....

Mes y año:

Sujeto:

Sección:

Asignaciones:

Nombres de los estudiantes:	notas	Semana					Semana				
	Día	L	M	M	J	V	L	M	M	J	V
	Fecha										
1.											
2.											
3.											
4.											
5.											
6.											
7.											
8.											
9.											
10.											
11.											
12.											
13.											
14.											
15.											
16.											
17.											
18.											
19.											
20.											
21.											
22.											
23.											
24.											
25.											
26.											
27.											
28.											
29.											
30.											
31.											
32.											
33.											
34.											
35.											
36.											
37.											

notas:

Período de inicio:... Período de finalización:..

Mes y año:

Sujeto:

Sección:

Asignaciones:

Nombres de los estudiantes:	notas	Semana					Semana				
	Día	L	M	M	J	V	L	M	M	J	V
	Fecha										
1.											
2.											
3.											
4.											
5.											
6.											
7.											
8.											
9.											
10.											
11.											
12.											
13.											
14.											
15.											
16.											
17.											
18.											
19.											
20.											
21.											
22.											
23.											
24.											
25.											
26.											
27.											
28.											
29.											
30.											
31.											
32.											
33.											
34.											
35.											
36.											
37.											

notas:

Período de inicio: .... Período de finalización: ....

Mes y año:

Sujeto:

Sección:

Asignaciones:

Nombres de los estudiantes:	notas	Semana					Semana				
	Día	L	M	M	J	V	L	M	M	J	V
	Fecha										
1.											
2.											
3.											
4.											
5.											
6.											
7.											
8.											
9.											
10.											
11.											
12.											
13.											
14.											
15.											
16.											
17.											
18.											
19.											
20.											
21.											
22.											
23.											
24.											
25.											
26.											
27.											
28.											
29.											
30.											
31.											
32.											
33.											
34.											
35.											
36.											
37.											

notas:

Período de inicio: .... Período de finalización: ....

Mes y año:

Sujeto:

Sección:

Asignaciones:

		Semana					Semana				
	Día	L	M	M	J	V	L	M	M	J	V
Nombres de los estudiantes:	notas Fecha										
1.											
2.											
3.											
4.											
5.											
6.											
7.											
8.											
9.											
10.											
11.											
12.											
13.											
14.											
15.											
16.											
17.											
18.											
19.											
20.											
21.											
22.											
23.											
24.											
25.											
26.											
27.											
28.											
29.											
30.											
31.											
32.											
33.											
34.											
35.											
36.											
37.											

notas:

Período de inicio:.. Período de finalización:..

Mes y año:

Sujeto:

Sección:

Asignaciones:

		Semana					Semana				
	Día	L	M	M	J	V	L	M	M	J	V
Nombres de los estudiantes:	notas / Fecha										
1.											
2.											
3.											
4.											
5.											
6.											
7.											
8.											
9.											
10.											
11.											
12.											
13.											
14.											
15.											
16.											
17.											
18.											
19.											
20.											
21.											
22.											
23.											
24.											
25.											
26.											
27.											
28.											
29.											
30.											
31.											
32.											
33.											
34.											
35.											
36.											
37.											

notas:

Período de inicio:.. Período de finalización:..

Mes y año:		Asignaciones:	Semana					Semana				
Sujeto:												
Sección:												
		Día	L	M	M	J	V	L	M	M	J	V
Nombres de los estudiantes:	notas	Fecha										
1.												
2.												
3.												
4.												
5.												
6.												
7.												
8.												
9.												
10.												
11.												
12.												
13.												
14.												
15.												
16.												
17.												
18.												
19.												
20.												
21.												
22.												
23.												
24.												
25.												
26.												
27.												
28.												
29.												
30.												
31.												
32.												
33.												
34.												
35.												
36.												
37.												

notas:

Período de inicio: .... Período de finalización: ....

Mes y año:

Sujeto:

Sección:

Asignaciones:

	Semana					Somana				
Día →	L	M	M	J	V	L	M	M	J	V
Fecha →										

Nombres de los estudiantes:	notas										
1.											
2.											
3.											
4.											
5.											
6.											
7.											
8.											
9.											
10.											
11.											
12.											
13.											
14.											
15.											
16.											
17.											
18.											
19.											
20.											
21.											
22.											
23.											
24.											
25.											
26.											
27.											
28.											
29.											
30.											
31.											
32.											
33.											
34.											
35.											
36.											
37.											

notas:

Período de inicio: .... Período de finalización: ....

Mes y año:

Sujeto:

Sección:

Asignaciones:

		Semana					Semana				
	Día	L	M	M	J	V	L	M	M	J	V
	Fecha										
Nombres de los estudiantes:	notas										
1.											
2.											
3.											
4.											
5.											
6.											
7.											
8.											
9.											
10.											
11.											
12.											
13.											
14.											
15.											
16.											
17.											
18.											
19.											
20.											
21.											
22.											
23.											
24.											
25.											
26.											
27.											
28.											
29.											
30.											
31.											
32.											
33.											
34.											
35.											
36.											
37.											

notas:

Período de inicio: .... Período de finalización: ....

Mes y año:

Sujeto:

Sección:

Asignaciones:

Semana | Semana

Nombres de los estudiantes:	notas	L	M	M	J	V	L	M	M	J	V
	Día ↷ / Fecha ↷										
1.											
2.											
3.											
4.											
5.											
6.											
7.											
8.											
9.											
10.											
11.											
12.											
13.											
14.											
15.											
16.											
17.											
18.											
19.											
20.											
21.											
22.											
23.											
24.											
25.											
26.											
27.											
28.											
29.											
30.											
31.											
32.											
33.											
34.											
35.											
36.											
37.											

notas:

Período de inicio: .... Período de finalización: ....

Mes y año:

Sujeto:

Sección:

Asignaciones:

		Semana					Semana				
	Día	L	M	M	J	V	L	M	M	J	V
Nombres de los estudiantes:	notas / Fecha										
1.											
2.											
3.											
4.											
5.											
6.											
7.											
8.											
9.											
10.											
11.											
12.											
13.											
14.											
15.											
16.											
17.											
18.											
19.											
20.											
21.											
22.											
23.											
24.											
25.											
26.											
27.											
28.											
29.											
30.											
31.											
32.											
33.											
34.											
35.											
36.											
37.											

notas:

Período de inicio: .... Período de finalización: ....

Mes y año:

Sujeto:

Sección:

Asignaciones:

Nombres de los estudiantes:	notas	Semana					Semana				
	Día	L	M	M	J	V	L	M	M	J	V
	Fecha										
1.											
2.											
3.											
4.											
5.											
6.											
7.											
8.											
9.											
10.											
11.											
12.											
13.											
14.											
15.											
16.											
17.											
18.											
19.											
20.											
21.											
22.											
23.											
24.											
25.											
26.											
27.											
28.											
29.											
30.											
31.											
32.											
33.											
34.											
35.											
36.											
37.											

notas:

Período de inicio: .... Período de finalización: ....

Mes y año:

Sujeto:

Sección:

Asignaciones:

		Semana					Semana				
	Día	L	M	M	J	V	L	M	M	J	V
Nombres de los estudiantes:	notas Fecha										
1.											
2.											
3.											
4.											
5.											
6.											
7.											
8.											
9.											
10.											
11.											
12.											
13.											
14.											
15.											
16.											
17.											
18.											
19.											
20.											
21.											
22.											
23.											
24.											
25.											
26.											
27.											
28.											
29.											
30.											
31.											
32.											
33.											
34.											
35.											
36.											
37.											

notas:

Período de inicio: .... Período de finalización: ....

Mes y año:

Sujeto:

Sección:

Asignaciones:

Nombres de los estudiantes:	notas	Semana					Semana				
	Día	L	M	M	J	V	L	M	M	J	V
	Fecha										
1.											
2.											
3.											
4.											
5.											
6.											
7.											
8.											
9.											
10.											
11.											
12.											
13.											
14.											
15.											
16.											
17.											
18.											
19.											
20.											
21.											
22.											
23.											
24.											
25.											
26.											
27.											
28.											
29.											
30.											
31.											
32.											
33.											
34.											
35.											
36.											
37.											

notas:

Período de inicio: .... Período de finalización: ....

Mes y año:		Asignaciones:	Semana					Semana				
Sujeto:												
Sección:												
		Día	L	M	M	J	V	L	M	M	J	V
Nombres de los estudiantes:	notas	Fecha										
1.												
2.												
3.												
4.												
5.												
6.												
7.												
8.												
9.												
10.												
11.												
12.												
13.												
14.												
15.												
16.												
17.												
18.												
19.												
20.												
21.												
22.												
23.												
24.												
25.												
26.												
27.												
28.												
29.												
30.												
31.												
32.												
33.												
34.												
35.												
36.												
37.												

notas:

Período de inicio: .... Período de finalización: ....

Mes y año:		Asignaciones:	Semana					Semana			
Sujeto:											
Sección:											
		Día	L	M	M	J	V	L	M	M	J	V
Nombres de los estudiantes:	notas	Fecha										
1.												
2.												
3.												
4.												
5.												
6.												
7.												
8.												
9.												
10.												
11.												
12.												
13.												
14.												
15.												
16.												
17.												
18.												
19.												
20.												
21.												
22.												
23.												
24.												
25.												
26.												
27.												
28.												
29.												
30.												
31.												
32.												
33.												
34.												
35.												
36.												
37.												

notas:

Período de inicio: .... Período de finalización: ....

Mes y año:

Sujeto:

Sección:

Asignaciones:

		Semana					Semana				
	Día	L	M	M	J	V	L	M	M	J	V
Nombres de los estudiantes:	notas / Fecha										
1.											
2.											
3.											
4.											
5.											
6.											
7.											
8.											
9.											
10.											
11.											
12.											
13.											
14.											
15.											
16.											
17.											
18.											
19.											
20.											
21.											
22.											
23.											
24.											
25.											
26.											
27.											
28.											
29.											
30.											
31.											
32.											
33.											
34.											
35.											
36.											
37.											

notas:

Período de inicio: .... Período de finalización: ....

Mes y año:		Asignaciones:	Semana					Semana				
Sujeto:												
Sección:												
		Día	L	M	M	J	V	L	M	M	J	V
Nombres de los estudiantes:	notas	Fecha										
1.												
2.												
3.												
4.												
5.												
6.												
7.												
8.												
9.												
10.												
11.												
12.												
13.												
14.												
15.												
16.												
17.												
18.												
19.												
20.												
21.												
22.												
23.												
24.												
25.												
26.												
27.												
28.												
29.												
30.												
31.												
32.												
33.												
34.												
35.												
36.												
37.												

notas:

Período de inicio: .... Período de finalización: ....

Mes y año:

Sujeto:

Sección:

Asignaciones:

		Semana					Semana				
	Día	L	M	M	J	V	L	M	M	J	V
Nombres de los estudiantes:	notas / Fecha										
1.											
2.											
3.											
4.											
5.											
6.											
7.											
8.											
9.											
10.											
11.											
12.											
13.											
14.											
15.											
16.											
17.											
18.											
19.											
20.											
21.											
22.											
23.											
24.											
25.											
26.											
27.											
28.											
29.											
30.											
31.											
32.											
33.											
34.											
35.											
36.											
37.											

notas:

Período de inicio: .... Período de finalización: ....

Mes y año:

Sujeto:

Sección:

Asignaciones:

Nombres de los estudiantes:	notas	Día / Fecha	Semana					Semana				
			L	M	M	J	V	L	M	M	J	V
1.												
2.												
3.												
4.												
5.												
6.												
7.												
8.												
9.												
10.												
11.												
12.												
13.												
14.												
15.												
16.												
17.												
18.												
19.												
20.												
21.												
22.												
23.												
24.												
25.												
26.												
27.												
28.												
29.												
30.												
31.												
32.												
33.												
34.												
35.												
36.												
37.												

notas:

Período de inicio: .... Período de finalización: ....

Mes y año:

Sujeto:

Sección:

Asignaciones:

		Semana					Semana				
	Día	L	M	M	J	V	L	M	M	J	V
Nombres de los estudiantes:	notas / Fecha										
1.											
2.											
3.											
4.											
5.											
6.											
7.											
8.											
9.											
10.											
11.											
12.											
13.											
14.											
15.											
16.											
17.											
18.											
19.											
20.											
21.											
22.											
23.											
24.											
25.											
26.											
27.											
28.											
29.											
30.											
31.											
32.											
33.											
34.											
35.											
36.											
37.											

notas:

Período de inicio: .... Período de finalización: ....

Mes y año:		Asignaciones:	Semana					Semana				
Sujeto:												
Sección:												
		Día	L	M	M	J	V	L	M	M	J	V
Nombres de los estudiantes:	notas	Fecha										
1.												
2.												
3.												
4.												
5.												
6.												
7.												
8.												
9.												
10.												
11.												
12.												
13.												
14.												
15.												
16.												
17.												
18.												
19.												
20.												
21.												
22.												
23.												
24.												
25.												
26.												
27.												
28.												
29.												
30.												
31.												
32.												
33.												
34.												
35.												
36.												
37.												

notas:

Período de inicio: .... Período de finalización: ....

Mes y año:		Asignaciones:	Semana / Semana
Sujeto:			
Sección:			
		Día	L M M J V L M M J V
Nombres de los estudiantes:	notas	Fecha	
1.			
2.			
3.			
4.			
5.			
6.			
7.			
8.			
9.			
10.			
11.			
12.			
13.			
14.			
15.			
16.			
17.			
18.			
19.			
20.			
21.			
22.			
23.			
24.			
25.			
26.			
27.			
28.			
29.			
30.			
31.			
32.			
33.			
34.			
35.			
36.			
37.			

notas:

Período de inicio: .... Período de finalización: ....

Mes y año:

Sujeto:

Sección:

Asignaciones:

		Semana					Semana				
	Día	L	M	M	J	V	L	M	M	J	V
Nombres de los estudiantes:	notas / Fecha										
1.											
2.											
3.											
4.											
5.											
6.											
7.											
8.											
9.											
10.											
11.											
12.											
13.											
14.											
15.											
16.											
17.											
18.											
19.											
20.											
21.											
22.											
23.											
24.											
25.											
26.											
27.											
28.											
29.											
30.											
31.											
32.											
33.											
34.											
35.											
36.											
37.											

notas:

Período de inicio: .... Período de finalización: ....

Mes y año:

Sujeto:

Sección:

Asignaciones:

		Semana					Semana				
	Día	L	M	M	J	V	L	M	M	J	V
Nombres de los estudiantes:	notas Fecha										
1.											
2.											
3.											
4.											
5.											
6.											
7.											
8.											
9.											
10.											
11.											
12.											
13.											
14.											
15.											
16.											
17.											
18.											
19.											
20.											
21.											
22.											
23.											
24.											
25.											
26.											
27.											
28.											
29.											
30.											
31.											
32.											
33.											
34.											
35.											
36.											
37.											

notas:

Período de inicio: ____________ Período de finalización: ____________

Mes y año:

Sujeto:

Sección:

Asignaciones:

		Semana					Somana				
	Día	L	M	M	J	V	L	M	M	J	V
Nombres de los estudiantes:	notas Fecha										
1.											
2.											
3.											
4.											
5.											
6.											
7.											
8.											
9.											
10.											
11.											
12.											
13.											
14.											
15.											
16.											
17.											
18.											
19.											
20.											
21.											
22.											
23.											
24.											
25.											
26.											
27.											
28.											
29.											
30.											
31.											
32.											
33.											
34.											
35.											
36.											
37.											

notas:

Período de inicio: .... Período de finalización: ....

Mes y año:

Sujeto:

Sección:

Asignaciones:

		Semana					Semana				
	Día	L	M	M	J	V	L	M	M	J	V
Nombres de los estudiantes:	notas Fecha										
1.											
2.											
3.											
4.											
5.											
6.											
7.											
8.											
9.											
10.											
11.											
12.											
13.											
14.											
15.											
16.											
17.											
18.											
19.											
20.											
21.											
22.											
23.											
24.											
25.											
26.											
27.											
28.											
29.											
30.											
31.											
32.											
33.											
34.											
35.											
36.											
37.											

notas:

Período de inicio: .... Período de finalización: ....

Mes y año:

Sujeto:

Sección:

Asignaciones:

Nombres de los estudiantes:	notas	Semana					Semana				
	Día	L	M	M	J	V	L	M	M	J	V
	Fecha										
1.											
2.											
3.											
4.											
5.											
6.											
7.											
8.											
9.											
10.											
11.											
12.											
13.											
14.											
15.											
16.											
17.											
18.											
19.											
20.											
21.											
22.											
23.											
24.											
25.											
26.											
27.											
28.											
29.											
30.											
31.											
32.											
33.											
34.											
35.											
36.											
37.											

notas:

Período de inicio:... Período de finalización:...

Mes y año:

Sujeto:

Sección:

Asignaciones:

		Semana					Semana				
	Día	L	M	M	J	V	L	M	M	J	V
Nombres de los estudiantes:	notas / Fecha										
1.											
2.											
3.											
4.											
5.											
6.											
7.											
8.											
9.											
10.											
11.											
12.											
13.											
14.											
15.											
16.											
17.											
18.											
19.											
20.											
21.											
22.											
23.											
24.											
25.											
26.											
27.											
28.											
29.											
30.											
31.											
32.											
33.											
34.											
35.											
36.											
37.											

notas:

Período de inicio: .... Período de finalización: ....

Mes y año:			Asignaciones:	Semana					Semana				
Sujeto:													
Sección:													
		Día		L	M	M	J	V	L	M	M	J	V
Nombres de los estudiantes:	notas	Fecha											
1.													
2.													
3.													
4.													
5.													
6.													
7.													
8.													
9.													
10.													
11.													
12.													
13.													
14.													
15.													
16.													
17.													
18.													
19.													
20.													
21.													
22.													
23.													
24.													
25.													
26.													
27.													
28.													
29.													
30.													
31.													
32.													
33.													
34.													
35.													
36.													
37.													

notas:

Período de inicio: .... Período de finalización: ....

Mes y año:

Sujeto:

Sección:

Asignaciones:

		Semana					Semana				
	Día	L	M	M	J	V	L	M	M	J	V
Nombres de los estudiantes:	notas / Fecha										
1.											
2.											
3.											
4.											
5.											
6.											
7.											
8.											
9.											
10.											
11.											
12.											
13.											
14.											
15.											
16.											
17.											
18.											
19.											
20.											
21.											
22.											
23.											
24.											
25.											
26.											
27.											
28.											
29.											
30.											
31.											
32.											
33.											
34.											
35.											
36.											
37.											

notas:

Período de inicio:.. Período de finalización:..

Mes y año:		Asignaciones:	Semana					Semana				
Sujeto:												
Sección:												
		Día	L	M	M	J	V	L	M	M	J	V
Nombres de los estudiantes:	notas	Fecha										
1.												
2.												
3.												
4.												
5.												
6.												
7.												
8.												
9.												
10.												
11.												
12.												
13.												
14.												
15.												
16.												
17.												
18.												
19.												
20.												
21.												
22.												
23.												
24.												
25.												
26.												
27.												
28.												
29.												
30.												
31.												
32.												
33.												
34.												
35.												
36.												
37.												

notas:

Período de inicio:.. Período de finalización:..

Mes y año:

Sujeto:

Sección:

Asignaciones:

		Semana					Semana				
	Día	L	M	M	J	V	L	M	M	J	V
Nombres de los estudiantes:	notas Fecha										
1.											
2.											
3.											
4.											
5.											
6.											
7.											
8.											
9.											
10.											
11.											
12.											
13.											
14.											
15.											
16.											
17.											
18.											
19.											
20.											
21.											
22.											
23.											
24.											
25.											
26.											
27.											
28.											
29.											
30.											
31.											
32.											
33.											
34.											
35.											
36.											
37.											

notas:

Período de inicio: .... Período de finalización: ....

Mes y año:

Sujeto:

Sección:

Asignaciones:

Nombres de los estudiantes:	notas	Semana					Semana				
	Día	L	M	M	J	V	L	M	M	J	V
	Fecha										
1.											
2.											
3.											
4.											
5.											
6.											
7.											
8.											
9.											
10.											
11.											
12.											
13.											
14.											
15.											
16.											
17.											
18.											
19.											
20.											
21.											
22.											
23.											
24.											
25.											
26.											
27.											
28.											
29.											
30.											
31.											
32.											
33.											
34.											
35.											
36.											
37.											

notas:

Período de inicio: .... Período de finalización: ....

Mes y año:

Sujeto:

Sección:

Asignaciones:

		Semana					Semana				
	Día	L	M	M	J	V	L	M	M	J	V
Nombres de los estudiantes:	notas / Fecha										
1.											
2.											
3.											
4.											
5.											
6.											
7.											
8.											
9.											
10.											
11.											
12.											
13.											
14.											
15.											
16.											
17.											
18.											
19.											
20.											
21.											
22.											
23.											
24.											
25.											
26.											
27.											
28.											
29.											
30.											
31.											
32.											
33.											
34.											
35.											
36.											
37.											

notas:

Período de inicio: .... Período de finalización: ....

Mes y año:

Sujeto:

Sección:

Asignaciones:

		Semana					Semana				
	Día	L	M	M	J	V	L	M	M	J	V
Nombres de los estudiantes:	notas Fecha										
1.											
2.											
3.											
4.											
5.											
6.											
7.											
8.											
9.											
10.											
11.											
12.											
13.											
14.											
15.											
16.											
17.											
18.											
19.											
20.											
21.											
22.											
23.											
24.											
25.											
26.											
27.											
28.											
29.											
30.											
31.											
32.											
33.											
34.											
35.											
36.											
37.											

notas:

Período de inicio:.. Período de finalización:..

Mes y año:

Sujeto:

Sección:

Asignaciones:

Nombres de los estudiantes:	notas	Semana					Semana				
	Día / Fecha	L	M	M	J	V	L	M	M	J	V
1.											
2.											
3.											
4.											
5.											
6.											
7.											
8.											
9.											
10.											
11.											
12.											
13.											
14.											
15.											
16.											
17.											
18.											
19.											
20.											
21.											
22.											
23.											
24.											
25.											
26.											
27.											
28.											
29.											
30.											
31.											
32.											
33.											
34.											
35.											
36.											
37.											

notas:

Período de inicio: .... Período de finalización: ....

Mes y año:

Sujeto:

Sección:

Asignaciones:

		Semana					Semana				
	Día	L	M	M	J	V	L	M	M	J	V
Nombres de los estudiantes:	notas Fecha										
1.											
2.											
3.											
4.											
5.											
6.											
7.											
8.											
9.											
10.											
11.											
12.											
13.											
14.											
15.											
16.											
17.											
18.											
19.											
20.											
21.											
22.											
23.											
24.											
25.											
26.											
27.											
28.											
29.											
30.											
31.											
32.											
33.											
34.											
35.											
36.											
37.											

notas:

Período de inicio: .... Período de finalización: ....

Mes y año:

Sujeto:

Sección:

Asignaciones:		Semana					Semana				
	Día	L	M	M	J	V	L	M	M	J	V
Nombres de los estudiantes:	notas / Fecha										
1.											
2.											
3.											
4.											
5.											
6.											
7.											
8.											
9.											
10.											
11.											
12.											
13.											
14.											
15.											
16.											
17.											
18.											
19.											
20.											
21.											
22.											
23.											
24.											
25.											
26.											
27.											
28.											
29.											
30.											
31.											
32.											
33.											
34.											
35.											
36.											
37.											

notas:

Período de inicio: .... Período de finalización: ....

Mes y año:	Asignaciones:	Semana					Semana				
Sujeto:											
Sección:											
	Día	L	M	M	J	V	L	M	M	J	V

Nombres de los estudiantes:	notas	Fecha									
1.											
2.											
3.											
4.											
5.											
6.											
7.											
8.											
9.											
10.											
11.											
12.											
13.											
14.											
15.											
16.											
17.											
18.											
19.											
20.											
21.											
22.											
23.											
24.											
25.											
26.											
27.											
28.											
29.											
30.											
31.											
32.											
33.											
34.											
35.											
36.											
37.											

notas:

Período de inicio: .... Período de finalización: ....

Mes y año:		Asignaciones:	Semana					Semana				
Sujeto:												
Sección:												
		Día ↗	L	M	M	J	V	L	M	M	J	V
Nombres de los estudiantes:	notas	Fecha ↗										
1.												
2.												
3.												
4.												
5.												
6.												
7.												
8.												
9.												
10.												
11.												
12.												
13.												
14.												
15.												
16.												
17.												
18.												
19.												
20.												
21.												
22.												
23.												
24.												
25.												
26.												
27.												
28.												
29.												
30.												
31.												
32.												
33.												
34.												
35.												
36.												
37.												

notas:

Período de inicio: .... Período de finalización: ....

Mes y año:		Asignaciones:	Semana					Semana				
Sujeto:												
Sección:												
		Día	L	M	M	J	V	L	M	M	J	V
Nombres de los estudiantes:	notas	Fecha										
1.												
2.												
3.												
4.												
5.												
6.												
7.												
8.												
9.												
10.												
11.												
12.												
13.												
14.												
15.												
16.												
17.												
18.												
19.												
20.												
21.												
22.												
23.												
24.												
25.												
26.												
27.												
28.												
29.												
30.												
31.												
32.												
33.												
34.												
35.												
36.												
37.												

notas:

Período de inicio: .... Período de finalización: ....

Mes y año:

Sujeto:

Sección:

Asignaciones:

		Semana					Semana				
	Día	L	M	M	J	V	L	M	M	J	V
Nombres de los estudiantes:	notas / Fecha										
1.											
2.											
3.											
4.											
5.											
6.											
7.											
8.											
9.											
10.											
11.											
12.											
13.											
14.											
15.											
16.											
17.											
18.											
19.											
20.											
21.											
22.											
23.											
24.											
25.											
26.											
27.											
28.											
29.											
30.											
31.											
32.											
33.											
34.											
35.											
36.											
37.											

notas:

www.ingramcontent.com/pod-product-compliance
Lightning Source LLC
Chambersburg PA
CBHW081233080526
44587CB00022B/3938
9781803846743